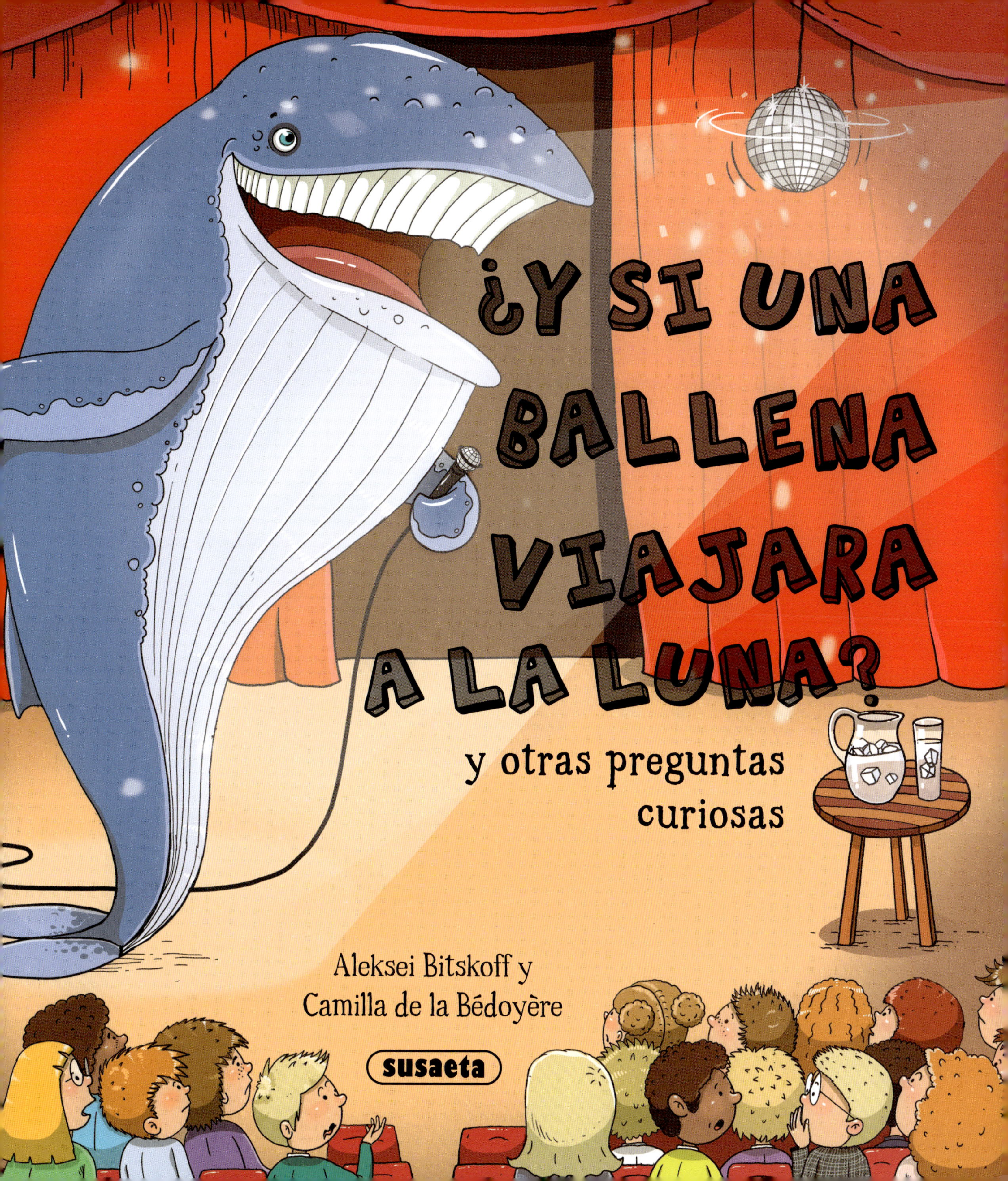

¿Y SI UNA BALLENA VIAJARA A LA LUNA?

y otras preguntas curiosas

Aleksei Bitskoff y
Camilla de la Bédoyère

susaeta

La ballena azul es gigante.

La ballena es un animal acuático,
pero es un mamífero como nosotros.

Diseño: Duck Egg Blue

C/ Campezo, 13 - 28022 Madrid
Tel.: 91 3009100 - Fax: 91 3009118

D.L.: M-11202-MMXV

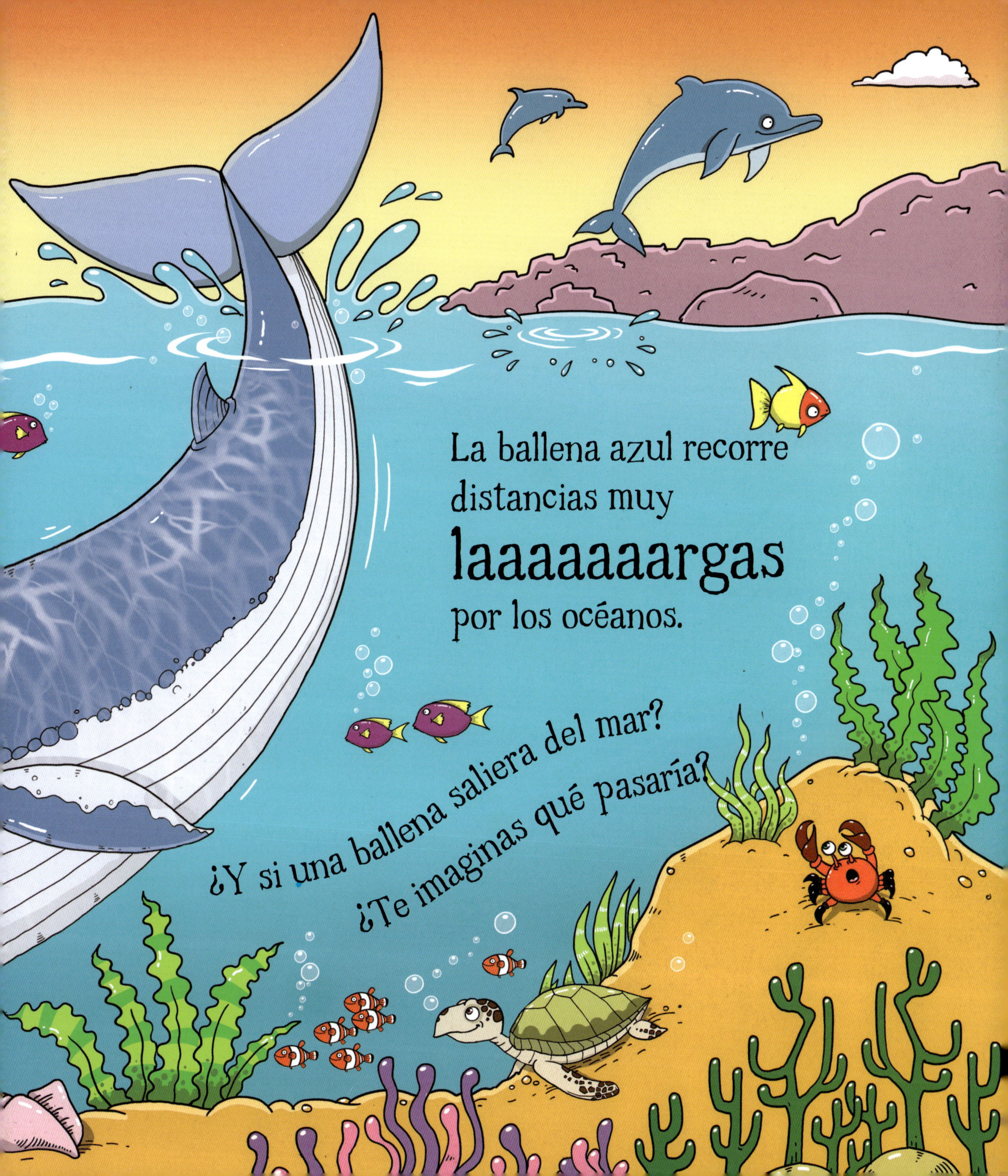

La ballena azul recorre distancias muy

laaaaaaargas

por los océanos.

¿Y si una ballena saliera del mar?

¿Te imaginas qué pasaría?

¿Y si una ballena azul quisiera viajar?

Sería demasiado

grande

como para caber en un avión.

La ballena azul alcanza los 33 metros de largo. ¡Eso es lo que mide un avión!

Además, es muy pesada.
Pesa lo mismo que

40 elefantes.

Harían falta varios aviones
para levantarla por el aire.

¿Y si una ballena quisiera ir a la luna?

Durante su larga vida, una ballena azul llega a nadar un millón de kilómetros.

Eso supone dar

25 vueltas

al mundo.

¡Lo que es más que ir a

la luna y volver!

¿Y si tuvieras que cuidar de un bebé de ballena?

Cuando una ballena azul nace pesa 3 toneladas. ¡Como bebé ya es uno de los animales

más

grandes

del planeta!

Una cría de ballena crece 3 centímetros y gana

90 kilos

al día.

¡Eso es más de lo que pesa un adulto humano!

¿Y si una ballena azul tuviera hambre?

Al día, una ballena azul come

4 toneladas

de krill, unos pequeños crustáceos.

¡Eso equivale en peso a 20.000 salchichas!

¡Cada krill es
del tamaño de una
gominola!

¿Y si una ballena hiciera natación sincronizada?

¡Sería la mejor! La ballena azul
sale a la superficie a respirar.

Golpea el agua con las aletas, salpica con la cola...

¡esplás! y da vueltas sobre la espalda.

¡Pero **no encontraría** un gorro de su talla!

¿Y si quisiera ser tu amiga?

Te daría un...

ENORME abrazo.

La ballena azul es un gigante tranquilo con el mayor corazón del mundo. ¡Es del tamaño de un coche pequeño!

¿Y si una ballena fuera a una fiesta?

Podría ayudar inflando

globos.

La ballena respira por unos agujeros que tiene en la cabeza. Una ballena azul puede tomar aire como para llenar...

¡250 globos!

¿Y si una ballena azul se quedara a dormir?

No necesitaría cepillo de dientes.
Su boca es enorme, pero no tiene

ni un diente.

¡Ni siquiera pequeñito!

En su lugar, tiene unas finas láminas llamadas «barbas» que filtran el krill del agua, como si fueran un gran colador.

¡Así lo engulle!

¿Y si una ballena azul fuera a un karaoke?

La ballena azul **adora cantar.**

¡Aunque su voz tiene una frecuencia que el humano **no puede oír!**

Su canto solo es escuchado por otras ballenas y le sirve para comunicarse a **mucha distancia.**

Más sobre **la ballena**

Esta ballena azul
te señala dónde vive.
¿Puedes encontrar el lugar
en el que vives tú?

DATOS

Existen 85 tipos de ballena.
La azul es la mayor de todas.

Algunas ballenas, como la azul, solo se alimentan de animales pequeños, pero la mayoría caza focas, peces y calamares.

La ballena azul no puede tragar nada mayor que una pelota de playa.

A veces la ballena vive en grupos llamados «manadas».

La lengua de la ballena mide 4 metros de largo y pesa tanto como un elefante asiático.

Océano Ártico
Europa
Asia
céano
lántico
África
Océano Índico
Océano Pacífico
Australia
Océano Antártico
Antártida

POSTAL

Querido amigo:
¡Han sido unas vacaciones increíbles!, pero ya era hora de volver a casa. He estado viajando por el océano, tragando y tragando krill. ¡Espera!, oigo que me llaman mis amigos (están a 1.000 kilómetros de distancia). ¡Voy nadando a contarles mi aventura!
Besos,
la ballena azul

A mi amigo
en tierra firme

514826356080917837 9